Addition II
Review and Regrouping

Author   David Hudson
Editor   Kathy Rogers

Table of Contents

Addition Function Chart	2
Addition Tables	3
Review Adding 0 through 4	4
Review Adding 5 through 9	5
Pretest 1 No Regrouping	6
Pretest 2 Regrouping	7
Adding 2 Digits No Regrouping	8
Adding 2 Digits No Regrouping	9
Adding 3 Digits No Regrouping	10
Adding 3 Digits No Regrouping	11
Adding 1 Digit to 2 Digits Regrouping	12
Adding 1 Digit Columns	13
Adding 2 Digits Regrouping	14
Adding 2 Digits Regrouping	15
Adding 2 Digit Columns Regrouping	16
Adding 2 Digit Columns Regrouping	17
Adding 2 Digits to 3 Digits Regrouping	18
Adding 3 Digits Regrouping	19
Adding 3 Digits Regrouping	20
Adding 3 Digit Columns Regrouping	21
Adding 3 Digit Columns Regrouping	22
Adding Multi-Digit Columns Regrouping	23
Adding Multi-Digit Columns Regrouping	24
Adding Multi-Digit Columns Regrouping	25
Adding Multi-Digit Columns Regrouping	26

Answer Keys

Pages 4 -7	27
Pages 8 -11	28
Pages 12 - 15	29
Pages 16 - 19	30
Pages 20 - 23	31
Pages 24 - 26	32

Reproducible for classroom use only.
Not for use by an entire school or school system.
EP128 • ©1999, 2002 Edupress, Inc.™ • P.O. Box 883 • Dana Point, CA 92629
www.edupressinc.com
ISBN 1-56472-128-0
Printed in USA

Addition Function Chart

Follow the steps below to learn the steps used in addition. If the sum of a column is larger that 10, you will have to move a number over to another column. This is called **carrying** or **regrouping**.

How to Add

1

Add the ones column.
7 + 4 = 11
Carry the 1.

1000	100	10	1
		1	
	8	7	7
+	3	6	4
			1

2

Add the tens column.
7 + 6 = 13 + 1 = 14
Carry the 1.

1000	100	10	1
	1	1	
	8	**7**	7
+	3	**6**	4
		4	1

3

Add the hundreds column.
8 + 3 = 11 + 1 = 12

1000	100	10	1
	1	1	
	8	7	7
+	**3**	6	4
1	**2**	4	1

Addition Practice—Review and Regrouping

Addition Tables

0 + 1 = 1	0 + 2 = 2	0 + 3 = 3	0 + 4 = 4
1 + 1 = 2	1 + 2 = 3	1 + 3 = 4	1 + 4 = 5
2 + 1 = 3	2 + 2 = 4	2 + 3 = 5	2 + 4 = 6
3 + 1 = 4	3 + 2 = 5	3 + 3 = 6	3 + 4 = 7
4 + 1 = 5	4 + 2 = 6	4 + 3 = 7	4 + 4 = 8
5 + 1 = 6	5 + 2 = 7	5 + 3 = 8	5 + 4 = 9
6 + 1 = 7	6 + 2 = 8	6 + 3 = 9	6 + 4 = 10
7 + 1 = 8	7 + 2 = 9	7 + 3 = 10	7 + 4 = 11
8 + 1 = 9	8 + 2 = 10	8 + 3 = 11	8 + 4 = 12
9 + 1 = 10	9 + 2 = 11	9 + 3 = 12	9 + 4 = 13
10 + 1 = 11	10 + 2 = 12	10 + 3 = 13	10 + 4 = 14
11 + 1 = 12	11 + 2 = 13	11 + 3 = 14	11 + 4 = 15
12 + 1 = 13	12 + 2 = 14	12 + 3 = 15	12 + 4 = 16

0 + 5 = 5	0 + 6 = 6	0 + 7 = 7	0 + 8 = 8
1 + 5 = 6	1 + 6 = 7	1 + 7 = 8	1 + 8 = 9
2 + 5 = 7	2 + 6 = 8	2 + 7 = 9	2 + 8 = 10
3 + 5 = 8	3 + 6 = 9	3 + 7 = 10	3 + 8 = 11
4 + 5 = 9	4 + 6 = 10	4 + 7 = 11	4 + 8 = 12
5 + 5 = 10	5 + 6 = 11	5 + 7 = 12	5 + 8 = 13
6 + 5 = 11	6 + 6 = 12	6 + 7 = 13	6 + 8 = 14
7 + 5 = 12	7 + 6 = 13	7 + 7 = 14	7 + 8 = 15
8 + 5 = 13	8 + 6 = 14	8 + 7 = 15	8 + 8 = 16
9 + 5 = 14	9 + 6 = 15	9 + 7 = 16	9 + 8 = 17
10 + 5 = 15	10 + 6 = 16	10 + 7 = 17	10 + 8 = 18
11 + 5 = 16	11 + 6 = 17	11 + 7 = 18	11 + 8 = 19
12 + 5 = 17	12 + 6 = 18	12 + 7 = 19	12 + 8 = 20

0 + 9 = 9	0 + 10 = 10	0 + 11 = 11	0 + 12 = 12
1 + 9 = 10	1 + 10 = 11	1 + 11 = 12	1 + 12 = 13
2 + 9 = 11	2 + 10 = 12	2 + 11 = 13	2 + 12 = 14
3 + 9 = 12	3 + 10 = 13	3 + 11 = 14	3 + 12 = 15
4 + 9 = 13	4 + 10 = 14	4 + 11 = 15	4 + 12 = 16
5 + 9 = 14	5 + 10 = 15	5 + 11 = 16	5 + 12 = 17
6 + 9 = 15	6 + 10 = 16	6 + 11 = 17	6 + 12 = 18
7 + 9 = 16	7 + 10 = 17	7 + 11 = 18	7 + 12 = 19
8 + 9 = 17	8 + 10 = 18	8 + 11 = 19	8 + 12 = 20
9 + 9 = 18	9 + 10 = 19	9 + 11 = 20	9 + 12 = 21
10 + 9 = 19	10 + 10 = 20	10 + 11 = 21	10 + 12 = 22
11 + 9 = 20	11 + 10 = 21	11 + 11 = 22	11 + 12 = 23
12 + 9 = 21	12 + 10 = 22	12 + 11 = 23	12 + 12 = 24

Addition Practice—Review and Regrouping © Edupress EP128

Review Adding 0 thru 4

Addition Practice

2 +1	6 +4	3 +2	0 +1	4 +3	0 +0
9 +2	6 +0	8 +4	1 +2	9 +0	4 +2
5 +0	1 +4	7 +4	4 +0	6 +3	2 +0
0 +3	6 +2	3 +0	3 +4	7 +0	5 +1
1 +1	4 +4	9 +1	1 +0	9 +3	2 +2
0 +4	8 +2	8 +3	2 +4	4 +1	5 +2
8 +0	3 +3	6 +1	3 +1	7 +3	2 +3
7 +1	5 +4	5 +3	8 +1	0 +2	7 +2
1 +3	9 +4				

Addition Practice—Review and Regrouping © Edupress EP128

 Review
Adding 5 thru 9

Addition Practice

4 +9	4 +7	8 +7	9 +5	2 +8	9 +9
3 +6	1 +9	0 +5	9 +8	4 +5	0 +8
3 +9	2 +7	5 +9	7 +5	1 +8	5 +8
9 +7	1 +7	6 +9	1 +5	0 +6	7 +6
5 +7	8 +8	3 +5	4 +6	5 +6	6 +8
8 +9	1 +6	3 +7	7 +7	5 +5	2 +5
0 +9	7 +8	0 +7	2 +6	4 +8	6 +5
6 +6	9 +6	8 +5	7 +9	3 +8	6 +7
2 +9	8 +6				

Addition Practice—Review and Regrouping © Edupress EP128

 Pretest 1
No Regrouping

Addition Practice

```
  13       37       30       21       13
+ 22     + 42     + 12     + 52     + 86
```

```
  324      275      316      234      723
+ 252    + 413    + 342    + 161    + 274
```

```
  2        2        0        3        1
  5        3        2        2        4
+ 2      + 1      + 3      + 2      + 2
```

```
  33       12       30       26       41
  12       41       41       40       12
+ 42     + 21     + 13     + 12     + 23
```

```
  33       42      623      704      845
+  4     +  6     + 41     + 63     + 23
```

```
  213      517      321      377      102
+ 314    + 140    + 502    + 102    + 701
```

Addition Practice—Review and Regrouping   6   © Edupress EP128

 Pretest 2 Regrouping  # Addition Practice

| 47
+ 35 | 36
+ 57 | 58
+ 22 | 27
+ 95 | 64
+ 78 |

| 403
+ 379 | 375
+ 637 | 926
+ 484 | 376
+ 327 | 732
+ 274 |

| 3
9
+ 4 | 8
7
+ 9 | 6
5
+ 7 | 8
8
+ 8 | 7
5
+ 9 |

| 35
26
+ 14 | 43
56
+ 27 | 86
43
+ 28 | 97
98
+ 89 | 446
223
+ 972 |

| 38
+ 7 | 48
+ 6 | 657
+ 86 | 693
+ 675 | 803
+ 39 |

| 846
+ 938 | 877
+ 643 | 548
+ 387 | 309
+ 704 | 921
+ 692 |

Adding 2 Digits
No Regrouping

Addition Practice

Example

100	10	1
	2	3
+	6	4

Add the ones column.

100	10	1
	2	**3**
+	6	**4**
		7

Add the tens column.

100	10	1
	2	3
+	**6**	4
	8	7

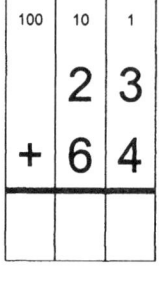

12 + 24	11 + 36	41 + 32	75 + 23	30 + 45
83 + 14	32 + 51	36 + 22	35 + 43	44 + 32
21 + 32	50 + 16	43 + 42	31 + 53	12 + 16
20 + 50	14 + 13	25 + 24	11 + 18	13 + 23
62 + 16	33 + 21	45 + 24	13 + 62	15 + 12
34 + 52	21 + 44	58 + 21	23 + 32	40 + 30

  **Adding 2 Digits No Regrouping** # Addition Practice

```
  23      47      21      23      63
+ 14    + 22    + 30    + 31    + 23


  14      42      89      21      11
+ 12    + 35    + 10    + 43    + 80


  56      12      47      46      34
+ 21    + 31    + 22    + 22    + 34


  25      11      33      32      65
+ 23    + 78    + 43    + 13    + 32


  44      60      16      12      23
+ 22    + 11    + 10    + 42    + 70


  13      32      45      54      63
+ 22    + 23    + 43    + 23    + 25
```

Addition Practice—Review and Regrouping

 **Adding 3 Digits No Regrouping**  # Addition Practice

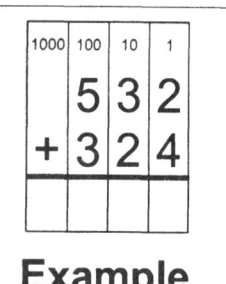
Example

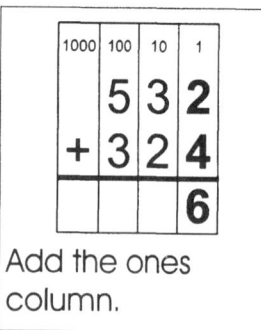
Add the ones column.

Add the tens column.

251 + 412	131 + 326	441 + 332	705 + 243	630 + 145
383 + 114	332 + 521	436 + 232	535 + 143	404 + 302
621 + 232	500 + 216	443 + 542	371 + 503	312 + 116
120 + 450	214 + 613	295 + 204	115 + 182	134 + 232
620 + 163	393 + 201	145 + 224	153 + 612	315 + 122
324 + 532	217 + 442	588 + 211	213 + 332	400 + 300

Addition Practice—Review and Regrouping © Edupress EP128

Addition Practice

Adding 3 Digits No Regrouping

514 + 162	402 + 395	889 + 110	321 + 243	300 + 500
256 + 421	102 + 531	437 + 252	406 + 202	315 + 542
254 + 233	121 + 674	332 + 453	342 + 133	741 + 132
474 + 322	260 + 511	160 + 101	112 + 842	522 + 316
138 + 221	732 + 123	435 + 243	854 + 123	235 + 512
347 + 222	621 + 230	234 + 312	653 + 243	432 + 243

Addition Practice—Review and Regrouping © Edupress EP128

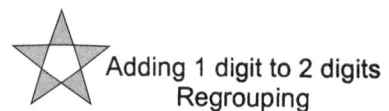 Adding 1 digit to 2 digits Regrouping

Addition Practice

Example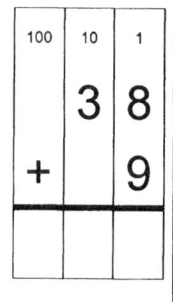

Add the ones column.

8 + 9 = 17

Carry the 1.

Add the tens column.

3 + 1 = 4

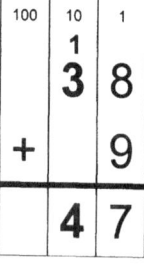

18	27	46	75	37
+ 4	+ 6	+ 7	+ 9	+ 5

88	38	36	89	41
+ 7	+ 6	+ 5	+ 3	+ 9

56	68	38	86	73
+ 7	+ 9	+ 7	+ 5	+ 8

37	26	83	54	16
+ 5	+ 8	+ 7	+ 6	+ 5

64	33	48	68	15
+ 9	+ 7	+ 4	+ 9	+ 8

34	44	58	27	87
+ 7	+ 8	+ 7	+ 8	+ 6

Addition Practice—Review and Regrouping © Edupress EP128

Adding 1 Digit Columns — Addition Practice

```
  4       4       2       2       7
  4       7       8       3       3
+ 2     + 2     + 3     + 7     + 2
───     ───     ───     ───     ───


  5       4       8       6       8
  6       7       9       1       6
+ 5     + 5     + 1     + 3     + 7
───     ───     ───     ───     ───


  2       9       4       3       9
  5       2       7       2       4
+ 2     + 4     + 2     + 7     + 3
───     ───     ───     ───     ───


  4       7       1       7       6
  5       8       6       4       8
+ 6     + 8     + 4     + 4     + 3
───     ───     ───     ───     ───


  8       3       4       5       4
  7       2       5       4       9
+ 4     + 3     + 4     + 3     + 3
───     ───     ───     ───     ───
```

Addition Practice—Review and Regrouping © Edupress EP128

  # Addition Practice

Adding 2 Digits Regrouping

Example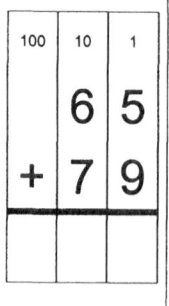

Add the ones column.

5 + 9 = 14

Carry the 1.

Add the tens column.

6 + 7 = 13 + 1 = 14

```
  56        74        35        68        63
+ 85      + 88      + 97      + 83      + 28

  38        46        56        77        43
+ 73      + 55      + 66      + 54      + 67

  67        87        44        37        85
+ 54      + 38      + 58      + 75      + 28

  76        54        29        36        84
+ 55      + 78      + 83      + 95      + 26

  69        39        45        53        76
+ 16      + 41      + 55      + 98      + 54

  34        27        58        97        84
+ 88      + 25      + 38      + 46      + 39
```

Addition Practice—Review and Regrouping © Edupress EP128

Adding 2 Digits Regrouping

Addition Practice

58 + 64	47 + 93	63 + 88	23 + 89	77 + 45
98 + 86	45 + 75	89 + 36	88 + 43	65 + 89
56 + 69	79 + 32	47 + 96	46 + 54	68 + 34
85 + 46	78 + 56	87 + 78	29 + 93	65 + 48
66 + 78	49 + 84	65 + 58	55 + 95	86 + 76
98 + 87	64 + 78	45 + 87	58 + 63	94 + 67

Addition Practice—Review and Regrouping

  Adding 2 Digit Columns Regrouping

Addition Practice

Example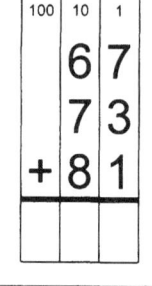

Add the ones column.

7 + 3 + 1 = 11

Carry the 1.

Add the tens column.

6 + 7 + 8 = 21 + 1 = 22

```
  92        35        82        25        29
  83        36        94        77        76
+ 47      + 52      + 28      + 24      + 53


  83        48        77        45        47
  84        94        56        65        38
+ 14      + 36      + 44      + 24      + 22


  46        32        88        58        44
  64        49        27        93        87
+ 32      + 51      + 32      + 29      + 62


  29        50        36        75        23
  46        78        86        63        85
+ 50      + 16      + 22      + 56      + 32


  62        54        43        35        67
  75        78        66        59        29
+ 26      + 13      + 42      + 43      + 58
```

Addition Practice

Adding 2 digit columns Regrouping

```
  34      48      62      62      67
  54      73      58      37      58
+ 15    + 29    + 39    + 57    + 92
```

```
  53      42      88      46      28
  96      87      99      13      56
+ 85    + 65    + 37    + 93    + 67
```

```
  86      94      64      38      29
  45      23      87      27      44
+ 63    + 47    + 12    + 76    + 63
```

```
  64      37      41      76      63
  35      78      76      47      28
+ 86    + 58    + 84    + 84    + 53
```

```
  88      74      42      65      34
  97      85      57      54      29
+ 94    + 63    + 48    + 73    + 83
```

Addition Practice—Review and Regrouping   17   © Edupress EP128

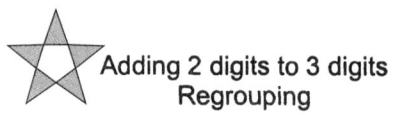 Adding 2 digits to 3 digits Regrouping

Addition Practice

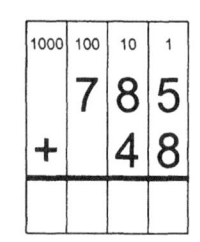

Example

Add the ones column.
5 + 8 = 13
Carry the 1.

Add the tens column.
8 + 4 = 12 + 1 = 13
Carry the 1.

Add the hundreds column.
7 + 1 = 8

| 874 | 395 | 448 | 697 | 576 |
| + 48 | + 67 | + 84 | + 46 | + 79 |

| 389 | 468 | 436 | 535 | 789 |
| + 36 | + 54 | + 77 | + 68 | + 23 |

| 876 | 674 | 555 | 187 | 278 |
| + 98 | + 86 | + 55 | + 79 | + 54 |

| 467 | 595 | 844 | 687 | 265 |
| + 63 | + 68 | + 77 | + 89 | + 86 |

| 657 | 399 | 546 | 358 | 496 |
| + 66 | + 45 | + 98 | + 78 | + 57 |

| 369 | 246 | 588 | 157 | 378 |
| + 94 | + 87 | + 64 | + 43 | + 45 |

Addition Practice—Review and Regrouping © Edupress EP128

Addition Practice

Adding 3 digits Regrouping

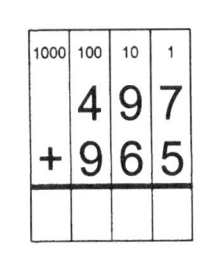

Example

```
  1000 100 10  1
         4 9 7
       + 9 6 5
```

Add the ones column.
7 + 5 = 12
Carry the 1.

Add the tens column.
9 + 6 = 15 + 1 = 16
Carry the 1.

Add the hundreds column.
4 + 9 = 13 + 1 = 14

578	593	844	697	675
+ 484	+ 678	+ 488	+ 467	+ 789

893	468	436	689	896
+ 549	+ 954	+ 797	+ 764	+ 237

876	674	565	787	578
+ 968	+ 896	+ 786	+ 749	+ 564

467	595	659	548	564
+ 863	+ 688	+ 767	+ 689	+ 886

657	588	546	583	496
+ 866	+ 475	+ 968	+ 978	+ 957

369	643	588	843	378
+ 894	+ 987	+ 764	+ 378	+ 945

Addition Practice—Review and Regrouping © Edupress EP128

 Adding 3 digits Regrouping

Addition Practice

598 + 674	847 + 393	663 + 788	823 + 489	677 + 945
988 + 836	545 + 775	839 + 396	688 + 423	675 + 789
456 + 969	789 + 379	995 + 995	466 + 584	468 + 734
845 + 496	798 + 586	897 + 758	289 + 973	581 + 879
366 + 978	869 + 884	565 + 858	759 + 975	866 + 786
948 + 867	764 + 678	495 + 887	658 + 563	494 + 767

 Adding 3 digit columns Regrouping

Addition Practice

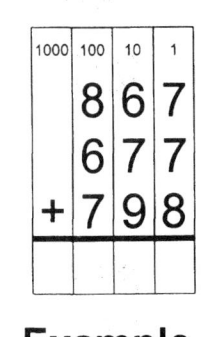

Example

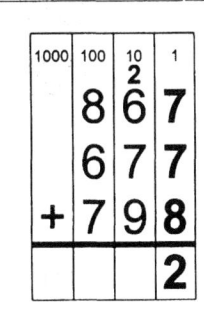

Add the ones column.
7 + 7 + 8 = 22
Carry the 2.

Add the tens column.
6 + 7 + 9 = 22 + 2 = 24
Carry the 2

Add the hundreds column.
8 + 6 + 7 = 21 + 2 = 23

```
  692        835        782        825        629
  843        396        964        767        756
+ 947      + 527      + 284      + 247      + 573


  483        648        477        457        547
  834        984        596        665        358
+ 174      + 436      + 844      + 824      + 225


  496        732        888        558        446
  674        496        277        493        878
+ 328      + 549      + 392      + 729      + 627


  429        560        396        750        423
  496        878        886        638        385
+ 570      + 176      + 202      + 566      + 382
```

Addition Practice—Review and Regrouping © Edupress EP128

Addition Practice

Adding 3 digit columns Regrouping

296	249	676	579	657
843	878	667	878	538
+ 759	+ 726	+ 247	+ 627	+ 331

348	385	457	324	568
841	493	543	383	358
+ 878	+ 756	+ 824	+ 569	+ 721

964	596	569	264	759
746	638	943	349	638
+ 729	+ 284	+ 729	+ 784	+ 627

836	296	835	757	594
567	358	638	345	834
+ 836	+ 547	+ 566	+ 659	+ 509

926	593	573	555	727
692	772	756	555	747
+ 527	+ 298	+ 835	+ 555	+ 777

538	358	689	803	324
225	668	358	709	358
+ 555	+ 202	+ 527	+ 596	+ 965

Addition Practice—Review and Regrouping   22   © Edupress EP128

Addition Practice

98 + 74	87 + 33	95 + 69	83 + 49	67 + 94
664 + 36	978 + 75	938 + 96	868 + 43	567 + 89
654 + 699	893 + 584	864 + 368	584 + 664	437 + 358
984 + 453	9,736 + 7,284	9,758 + 7,058	8,653 + 7,964	5,081 + 3,659
886 + 869	8,046 + 804	7,956 + 853	9,575 + 687	8,684 + 786
948 456 + 867	64 96 + 78	495 568 + 887	58 56 + 63	764 649 + 776

Addition Practice—Review and Regrouping

Addition Practice

78 + 99	897 + 363	846 + 69	8,563 + 6,749	86,836 + 94,494
98 + 43	896 + 785	836 + 78	9,868 + 9,543	53,967 + 96,589
64 + 99	398 + 869	468 + 68	5,784 + 4,664	96,437 + 43,658
84 + 58	936 + 728	958 + 58	5,853 + 6,459	65,081 + 78,639
86 + 89	658 + 896	756 + 83	8,679 + 8,629	78,569 + 79,361
594 456 + 945	85 49 + 63	675 439 + 421	65 78 + 93	563 964 + 668

Addition Practice—Review and Regrouping   24   © Edupress EP128

Addition Practice

64	793	568	4,364	58,698
+ 78	+ 607	+ 67	+ 7,683	+ 49,589

89	986	894	6,789	50,643
+ 56	+ 587	+ 87	+ 8,682	+ 65,928

56	446	969	4,597	64,956
+ 87	+ 708	+ 46	+ 4,963	+ 86,946

93	658	326	4,091	65,081
+ 85	+ 728	+ 98	+ 7,349	+ 78,639

86	658	756	8,679	61,077
+ 89	+ 896	+ 83	+ 3,859	+ 11,964

741	28	528	58	584
650	30	934	64	562
+ 119	+ 92	+ 125	+ 39	+ 440

Addition Practice—Review and Regrouping   25   © Edupress EP128

Addition Practice

| 64 | 793 | 568 | 4,364 | 58,698 |
| + 78 | + 607 | + 67 | + 7,683 | + 49,589 |

| 45 | 382 | 587 | 4,826 | 50,232 |
| + 97 | + 918 | + 23 | + 7,459 | + 53,775 |

| 93 | 657 | 756 | 5,658 | 65,924 |
| + 58 | + 756 | + 84 | + 6,219 | + 94,536 |

| 58 | 587 | 846 | 4,009 | 80,231 |
| + 89 | + 653 | + 65 | + 5,378 | + 99,876 |

| 65 | 841 | 658 | 7,467 | 58,624 |
| + 75 | + 309 | + 48 | + 3,982 | + 19,458 |

665	36	349	85	586
109	42	700	46	653
+ 438	+ 19	+ 256	+ 93	+ 928

Addition Practice—Review and Regrouping   26   © Edupress EP128

Answers Pages 4 - 7

Addition Practice

Page 4

2+1=3	6+4=10	3+2=5	0+1=1	4+3=7	0+0=0
9+2=11	6+0=6	8+4=12	1+2=3	9+0=9	4+2=6
5+0=5	1+4=5	7+4=11	4+0=4	6+3=9	2+0=2
0+3=3	6+2=8	3+0=3	3+4=7	7+0=7	5+1=6
1+1=2	4+4=8	9+1=10	1+0=1	9+3=12	2+2=4
0+4=4	8+2=10	8+3=11	2+4=6	4+1=5	5+2=7
8+0=8	3+3=6	6+1=7	3+1=4	7+3=10	2+3=5
7+1=8	5+4=9	5+3=8	8+1=9	0+2=2	7+2=9
1+3=4	9+4=13

Page 5

4+9=13	4+7=11	8+7=15	9+5=14	2+8=10	9+9=18
3+6=9	1+9=10	0+5=5	9+8=17	4+5=9	0+8=8
3+9=12	2+7=9	5+9=14	7+5=12	1+8=9	5+8=13
9+7=16	1+7=8	6+9=15	1+5=6	0+6=6	7+6=13
5+7=12	8+8=16	3+5=8	4+6=10	5+6=11	6+8=14
8+9=17	1+6=7	3+7=10	7+7=14	5+5=10	2+5=7
0+9=9	7+8=15	0+7=7	2+6=8	4+8=12	6+5=11
6+6=12	9+6=15	8+5=13	7+9=16	3+8=11	6+7=13
2+9=11	8+6=14

Page 6

13+22=35	37+42=79	30+12=42	21+52=73	13+86=99
324+252=576	275+413=688	316+342=658	234+161=395	723+274=997
2+5+2=9	2+3+1=6	0+2+3=5	3+2+2=7	1+4+2=7
33+12+42=87	12+41+21=74	30+41+13=84	26+40+12=78	41+12+23=76
33+4=37	42+6=48	623+41=664	704+63=767	845+23=868
213+314=527	517+140=657	321+502=823	377+102=479	102+701=803

Page 7

47+35=82	36+57=93	58+22=80	27+95=122	64+78=142
403+379=782	375+637=1,012	926+484=1,410	376+327=703	732+274=1,006
3+9+4=16	8+7+9=24	6+5+7=18	8+8+8=24	7+5+9=21
35+26+14=75	43+56+27=126	86+43+28=157	97+98+89=284	446+223+972=1,641
38+7=45	48+6=54	657+86=743	693+675=1,368	803+39=842
846+938=1,784	877+643=1,520	548+387=935	309+704=1,013	921+692=1,613

Addition Practice—Review and Regrouping   27   © Edupress EP128

Answers Pages 8 - 11

Addition Practice

Page 8

| Example | Add the ones column. 23 +64 7 | Add the tens column. 23 +64 87 |

12 +24 36	11 +36 47	41 +32 73	75 +23 98	30 +45 75
83 +14 97	32 +51 83	36 +22 58	35 +43 78	44 +32 76
21 +32 53	50 +16 66	43 +42 85	31 +53 84	12 +16 28
20 +50 70	14 +13 27	25 +24 49	11 +18 29	13 +23 36
62 +16 78	33 +21 54	45 +24 69	13 +62 75	15 +12 27
34 +52 86	21 +44 65	58 +21 79	23 +32 55	40 +30 70

Page 9

23 +14 37	47 +22 69	21 +30 51	23 +31 54	63 +23 86
14 +12 26	42 +35 77	89 +10 99	21 +43 64	11 +80 91
56 +21 77	12 +31 43	47 +22 69	46 +22 68	34 +34 68
25 +23 48	11 +78 89	33 +43 76	32 +13 45	65 +32 97
44 +22 66	60 +11 71	16 +10 26	12 +42 54	23 +70 93
13 +22 35	32 +23 55	45 +43 88	54 +23 77	63 +25 88

Page 10

251 +412 663	131 +326 457	441 +332 773	705 +243 948	630 +145 775
383 +114 497	332 +521 853	436 +232 668	535 +143 678	404 +302 706
621 +232 853	500 +216 716	443 +542 985	371 +503 874	312 +116 428
120 +450 570	214 +613 827	295 +204 499	115 +182 297	134 +232 366
620 +163 783	393 +201 594	145 +224 369	153 +612 765	315 +122 437
324 +532 856	217 +442 659	588 +211 799	213 +332 545	400 +300 700

Page 11

514 +162 676	402 +395 797	889 +110 999	321 +243 564	300 +500 800
256 +421 677	102 +531 633	437 +252 689	406 +202 608	315 +542 857
254 +233 487	121 +674 795	332 +453 785	342 +133 475	741 +132 873
474 +322 796	260 +511 771	160 +101 261	112 +842 954	522 +316 838
138 +221 359	732 +123 855	435 +243 678	854 +123 977	235 +512 747
347 +222 569	621 +230 851	234 +312 546	653 +243 896	432 +243 675

Addition Practice—Review and Regrouping   28   © Edupress EP128

Answers Pages 12 - 15

Addition Practice

Page 12

Example	Add the ones column. 8 + 9 = 17 Carry the 1.	Add the tens column. 3 + 1 = 4
38 + 9	38 + 9 = 7 (carry 1)	38 + 9 = 47

18 + 4 22	27 + 6 33	46 + 7 53	75 + 9 84	37 + 5 42
88 + 7 95	38 + 6 44	36 + 5 41	89 + 3 92	41 + 9 50
56 + 7 63	68 + 9 77	38 + 7 45	86 + 5 91	73 + 8 81
37 + 5 42	26 + 8 34	83 + 7 90	54 + 6 60	16 + 5 21
64 + 9 73	33 + 7 40	48 + 4 52	68 + 9 77	15 + 8 23
34 + 7 41	44 + 8 52	58 + 7 65	27 + 8 35	87 + 6 93

Page 13

4 4 + 2 10	4 7 + 2 13	2 8 + 3 13	2 3 + 7 12	7 3 + 2 12
5 6 + 5 16	4 7 + 5 16	8 9 + 1 18	6 1 + 3 10	8 6 + 7 21
2 5 + 2 9	9 2 + 4 15	4 7 + 2 13	3 2 + 7 12	9 4 + 3 16
4 5 + 6 15	7 8 + 8 23	1 6 + 4 11	7 4 + 4 15	6 8 + 3 17
8 7 + 4 19	3 2 + 3 8	4 5 + 4 13	5 4 + 3 12	4 9 + 3 16

Page 14

Example	Add the ones column. 5 + 9 = 14 Carry the 1.	Add the tens column. 6 + 7 = 13 + 1 = 14

56 + 85 141	74 + 88 162	35 + 97 132	68 + 83 151	63 + 28 91
38 + 73 111	46 + 55 101	56 + 66 122	77 + 54 131	43 + 67 110
67 + 54 121	87 + 38 125	44 + 58 102	37 + 75 112	85 + 28 113
76 + 55 131	54 + 78 132	29 + 83 112	36 + 95 131	84 + 26 110
69 + 16 85	39 + 41 80	45 + 55 100	53 + 98 151	76 + 54 130
34 + 88 122	27 + 25 52	58 + 38 96	97 + 46 143	84 + 39 123

Page 15

58 + 64 122	47 + 93 140	63 + 88 151	23 + 89 112	77 + 45 122
98 + 86 184	45 + 75 120	89 + 36 125	88 + 43 131	65 + 89 154
56 + 69 125	79 + 32 111	47 + 96 143	46 + 54 100	68 + 34 102
85 + 46 131	78 + 56 134	87 + 78 165	29 + 93 122	65 + 48 113
66 + 78 144	49 + 84 133	65 + 58 123	55 + 95 150	86 + 76 162
98 + 87 185	64 + 78 142	45 + 87 132	58 + 63 121	94 + 67 161

Addition Practice—Review and Regrouping © Edupress EP128

Addition Practice

Answers Pages 16 - 19

Page 16

92 83 + 47 222	35 36 + 52 123	82 94 + 28 204	25 77 + 24 126	29 76 + 53 158
83 84 + 14 181	48 94 + 36 178	77 56 + 44 177	45 65 + 24 134	47 38 + 22 107
46 64 + 32 142	32 49 + 51 132	88 27 + 32 147	58 93 + 29 180	44 87 + 62 193
29 46 + 50 125	50 78 + 16 144	36 86 + 22 144	75 63 + 56 194	23 85 + 32 140
62 75 + 26 163	54 78 + 13 145	43 66 + 42 151	35 59 + 43 137	67 29 + 58 154

Page 17

34 54 + 15 103	48 73 + 29 150	62 58 + 39 159	62 37 + 57 156	67 58 + 92 217
53 96 + 85 234	42 87 + 65 194	88 99 + 37 224	46 13 + 93 152	28 56 + 67 151
86 45 + 63 194	94 23 + 47 164	64 87 + 12 163	38 27 + 76 141	29 44 + 63 136
64 35 + 86 185	37 78 + 58 173	41 76 + 84 201	76 47 + 84 207	63 28 + 53 144
88 97 + 94 279	74 85 + 63 222	42 57 + 48 147	65 54 + 73 192	34 29 + 83 146

Page 18

874 + 48 922	395 + 67 462	448 + 84 532	697 + 46 743	576 + 79 655
389 + 36 425	468 + 54 522	436 + 77 513	535 + 68 603	789 + 23 812
876 + 98 974	674 + 86 760	555 + 55 610	187 + 79 266	278 + 54 332
467 + 63 530	595 + 68 663	844 + 77 921	687 + 89 776	265 + 86 351
657 + 66 723	399 + 45 444	546 + 98 644	358 + 78 436	496 + 57 553
369 + 94 463	246 + 87 333	588 + 64 652	157 + 43 200	378 + 45 423

Page 19

578 + 484 1,062	593 + 678 1,271	844 + 488 1,332	697 + 467 1,164	675 + 789 1,464
893 + 549 1,442	468 + 954 1,422	436 + 797 1,233	689 + 764 1,453	896 + 237 1,133
876 + 968 1,844	674 + 896 1,570	565 + 786 1,351	787 + 749 1,536	578 + 564 1,142
467 + 863 1,330	595 + 688 1,283	659 + 767 1,426	548 + 689 1,237	564 + 886 1,450
657 + 866 1,523	588 + 475 1,063	546 + 968 1,514	583 + 978 1,561	496 + 957 1,453
369 + 894 1,263	643 + 987 1630	588 + 764 1,352	843 + 378 1,221	378 + 945 1,323

Addition Practice—Review and Regrouping © Edupress EP128

Answers Pages 20 - 23

Addition Practice

Page 20

598 + 674 1,272	847 + 393 1,240	663 + 788 1,451	823 + 489 1,312	677 + 945 1,622
988 + 836 1,824	545 + 775 1,320	839 + 396 1,235	688 + 423 1,111	675 + 789 1,464
456 + 969 1,425	789 + 379 1,168	995 + 995 1,990	466 + 584 1,050	468 + 734 1,202
845 + 496 1,341	798 + 586 1,384	897 + 758 1,655	289 + 973 1,262	581 + 879 1,460
366 + 978 1,344	869 + 884 1,753	565 + 858 1,423	759 + 975 1,734	866 + 786 1,652
948 + 867 1,815	764 + 678 1,442	495 + 887 1,382	658 + 563 1,221	494 + 767 1,261

Page 21

Example — Add the ones column. 7 + 7 + 8 = 22. Carry the 2.
Add the tens column. 6 + 7 + 9 = 22 + 2 = 24. Carry the 2.
Add the hundreds column. 8 + 6 + 7 = 21 + 2 = 23.

692 843 + 947 2,482	835 396 + 527 1,758	782 964 + 284 2,030	825 767 + 247 1,839	629 756 + 573 1,958
483 834 + 174 1,491	648 984 + 436 2,068	477 596 + 844 1,917	457 665 + 824 1,946	547 358 + 225 1,130
496 674 + 328 1,498	732 496 + 549 1,777	888 277 + 392 1,557	558 493 + 729 1,780	446 878 + 627 1,951
429 496 + 570 1,495	560 878 + 176 1,614	396 886 + 202 1,484	750 638 + 566 1,954	423 385 + 382 1,190

Page 22

296 843 + 759 1,898	249 878 + 726 1,853	676 667 + 247 1,590	579 878 + 627 2,084	657 538 + 331 1,526
348 841 + 878 2,067	385 493 + 756 1,634	457 543 + 824 1,824	324 383 + 569 1,276	568 358 + 721 1,647
964 746 + 729 2,439	596 638 + 284 1,518	569 943 + 729 2,241	264 349 + 784 1,397	759 638 + 627 2,024
836 567 + 836 2,239	296 358 + 547 1,201	835 638 + 566 2,039	757 345 + 659 1,761	594 834 + 509 1,937
926 692 + 527 2,145	593 772 + 298 1,663	573 756 + 835 2,164	555 555 + 555 1,665	727 747 + 777 2,251
538 225 + 555 1,318	358 668 + 202 1,228	689 358 + 527 1,574	803 709 + 596 2,108	324 358 + 965 1,647

Page 23

98 + 74 172	87 + 33 120	95 + 69 164	83 + 49 132	67 + 94 161
664 + 36 700	978 + 75 1,053	938 + 96 1,034	868 + 43 911	567 + 89 656
654 + 699 1,353	893 + 584 1,477	864 + 368 1,232	584 + 664 1,248	437 + 358 795
984 + 453 1,437	9,736 + 7,284 17,020	9,758 + 7,058 16,816	8,653 + 7,964 16,617	5,081 + 3,659 8,740
886 + 869 1,755	8,046 + 804 8,850	7,956 + 853 8,809	9,575 + 687 10,262	8,684 + 786 9,470
948 456 + 867 2,271	64 96 + 78 238	495 568 + 887 1,950	58 56 + 63 177	764 649 + 776 2,189

Addition Practice—Review and Regrouping 31 © Edupress EP128

Answers Pages 24 - 26

Addition Practice

Page 24

78	897	846	8,563	86,836
+ 99	+ 363	+ 69	+ 6,749	+ 94,494
177	1,260	915	15,312	181,330

98	896	836	9,868	53,967
+ 43	+ 785	+ 78	+ 9,543	+ 96,589
141	1,681	914	19,411	150,556

64	398	468	5,784	96,437
+ 99	+ 869	+ 68	+ 4,664	+ 43,658
163	1,267	536	10,448	140,095

84	936	958	5,853	65,081
+ 58	+ 728	+ 58	+ 6,459	+ 78,639
142	1,664	1,016	12,312	143,720

86	658	756	8,679	78,569
+ 89	+ 896	+ 83	+ 8,629	+ 79,361
175	1,554	839	17,308	157,930

594	85	675	65	563
456	49	439	78	964
+ 945	+ 63	+ 421	+ 93	+ 668
1,995	197	1,535	236	2,195

Page 25

64	793	568	4,364	58,698
+ 78	+ 607	+ 67	+ 7,683	+ 49,589
142	1,400	635	12,047	108,287

89	986	894	6,789	50,643
+ 56	+ 587	+ 87	+ 8,682	+ 65,928
145	1,573	981	15,471	116,571

56	446	969	4,597	64,956
+ 87	+ 708	+ 46	+ 4,963	+ 86,946
143	1,154	1,015	9,560	151,902

93	658	326	4,091	65,081
+ 85	+ 728	+ 98	+ 7,349	+ 78,639
178	1,386	424	11,440	143,720

86	658	756	8,679	61,077
+ 89	+ 896	+ 83	+ 3,859	+ 11,964
175	1,554	839	12,538	73,041

741	28	528	58	584
650	30	934	64	562
+ 119	+ 92	+ 125	+ 39	+ 440
1,510	150	1,587	161	1,586

Page 26

64	793	568	4,364	58,698
+ 78	+ 607	+ 67	+ 7,683	+ 49,589
142	1400	635	12,047	108,287

45	382	587	4,826	50,232
+ 97	+ 918	+ 23	+ 7,459	+ 53,775
142	1,300	610	12,285	104,007

93	657	756	5,658	65,924
+ 58	+ 756	+ 84	+ 6,219	+ 94,536
151	1,413	840	11,877	160,460

58	587	846	4,009	80,231
+ 89	+ 653	+ 65	+ 5,378	+ 99,876
147	1,240	911	9,387	180,107

65	841	658	7,467	58,624
+ 75	+ 309	+ 48	+ 3,982	+ 19,458
140	1,150	706	11,449	78,082

665	36	349	85	586
109	42	700	46	653
+ 438	+ 19	+ 256	+ 93	+ 928
1,212	97	1,305	224	2,167

Addition Practice—Review and Regrouping © Edupress EP128